AF340367

CATALOGUE

DE LA BIBLIOTHÈQUE

DE LA

COUR D'APPEL DE LIMOGES

SUIVI

D'UNE TABLE ALPHABÉTIQUE DES AUTEURS

PAR M. FOURNIER

CONSEILLER

BIBLIOTHÉCAIRE HONORAIRE

LIMOGES

IMPRIMERIE DE CHAPOULAUD FRÈRES

—

1852

TABLE GÉNÉRALE.

DÉSIGNATION

Des personnes qui ont fait des dons à la Bibliothèque de la Cour.

M. le Ministre de la justice a donné les ouvrages classés sous les n⁰ˢ 376, 377, 405.

M. le Ministre de l'intérieur, ceux sous les n⁰ˢ 404, 408, 410, 413, 442, 446, 447, 448, 449, 458, 459, 460, 461, 462, 463, 465, 466.

M. le Ministre de l'instruction publique, ceux sous les n⁰ˢ 315, 379, 403, 406, 444, 445, 450, 451, 452, 453, 454, 455, 464, 467, 468.

M. le Préfet de la Haute-Vienne, celui sous le n⁰ 470.

M. DECOUS, ancien Procureur général, le n⁰ 356.

M. BERGERON d'ANGUY, Receveur général à Mézières, le n⁰ 392 *bis.*

M. Th. GRELLET-DUMAZEAU, Conseiller à la Cour de Riom, le n⁰ 333.

M. le premier Président TIXIER LACHASSAGNE, les n⁰ˢ 57, 65, 66, 96, 171, 176, 182.

M. le Président GARRAUD, les n⁰ˢ 3, 43, 45, 67, 68, 69, 105, 106, 111, 113, 159, 172, 173, 177, 178, 179.

M. le Président DUMONT-St-PRIEST, les n⁰ˢ 4, 5, 8, 9, 10, 12, 19, 34, 35, 40, 41, 75, 93, 160, 174.

M. le Président MALLEVERGNE, 12 volumes du n⁰ 323.

M. le Conseiller BARRET DES CHEISES, le n⁰ 103.

M. le Conseiller FOURNIER, les n⁰ˢ 60, 82, 87, 126, 138, 139, 149, 152, 153, 181.

M. le Conseiller DESCOUTURES, les n⁰ˢ 185, 343, 363, 364.

M. le Conseiller DESISLES, les n⁰ˢ 50, 57, 74, 381.

M. le Conseiller MALÈS, les n⁰ˢ 64, 77, 188 et 414 à 439 inclusivement.

M. le Conseiller NAVIÈRES, 7 volumes du n⁰ 7 et le n⁰ 471.

M. le Président LÉZAUD, décédé, le n⁰ 201.

M. le Conseiller GRELLET-DUMAZEAU, décédé, les n⁰ˢ 30 et 200.

TITRE PREMIER.

Droit romain.

1. — Digestum vetus; Infortiatum; Digestum novum; Codex; Institutiones; Authenticæ. — Lugduni, apud Hugonem A Porta, 1550. — 6 vol. in f°.

2. — Corpus Juris civilis Justiniani: Digestum vetus; Infortiatum; Digestum novum; Codex; Institutiones; Authenticæ; novum sextum volumen. — Lugduni, Frellon (éd. *au Lion moucheté*), 1604. — 6 vol. in-f°.

3. — Corpus Juris civilis, cum notis Dyonisii Gothofredi. — 1628—1650. — 2 vol. in-f°.

4. — Corpus Juris civilis. — Parisiis, 1576. — 3 vol. in-f°.

5 — Index Juris civilis Stephano Daoys. — Lugduni, 1627. — 1 vol in-f°.

6. — Corpus Juris civilis, cum notis Gothofredi. — Lugduni, 1662 (éd. *au Lion moucheté*), 2 vol. in-4.

7. — Corps de Droit des lois romaines, traduit en français par Hulot, Tissot, Berthelot, Bérenger, Daubanton, Fieffé-Lacroix, etc. — Metz, 1803—1811. — 17 vol. in 4.

8. — Jacobi Cujacii Opera. — Lugduni, 1614. — 3 vol. in-f°.

9. — Jacobi Cujacii Opera posthuma. — Lutetiæ Parisiorum, 1637. — 4 vol. in-f°.

10. — Mornacii Observationes in Digestos et Codicem. — Lutetiæ Parisiorum, 1654. — 4 vol. in-f°.

11. — Caroli Molinæi Opera omnia. — Parisiis, 1681. — 5 vol. in-f°.

12. — Mathæi Wesembecii Paratitla in Pandectas. — Basileæ, 1572. — 1 vol in-f°.

13. — Annotationes Gulielmi Budæi parisiensis in quatuor et viginti Pandectarum libros. — Parisiis, 1536. — 1 vol. in-f°.

14. — Pandectes de Justinien, mises dans un nouvel ordre par Pothier, traduites par Bréard-Neuville. — Paris, 1818. — 24 vol. in-8.

15. — Analyse des Pandectes de Pothier, par Moreau de Montalin. — Paris, 1824. — 2 vol. in-8.

16. — In titulo ff. de Verborum significatione Commentaria, auctore P. Rebuffo. — Lugduni, 1576. — 1 vol. in-f°.

17 — Philippus Decius, in tit. ff. de Regulis Juris. — Lugduni, 1549. — 1 vol. in-8.

18. — Axiomata, Sententiæ et Regulæ Juris versibus redditæ a Scipione Dupleix. — Lutetiæ Parisiorum, 1635. — 1 vol. in-12.

19. — Codex Fabrianus. — Genevæ, 1640. — 1 vol. in-f°.

20. — Summa Azonis. — Basileæ , 1563.

21. — Theophili antecessoris Institutiones libri quatuor (texte grec). — Paris , 1638. — 1 vol. in-4.

22. — Paraphrase des Institutes de Justinien, par Théophile, traduites par Frégier. — 1847. — 1 vol. in-8.

23. — Joannis Borcholten in quatuor Institutionum libros Commentaria. — Parisiis, 1638. — 1 vol. in-4.

24. — Justiniani Institutionum libri quatuor, cum notis Arnoldi Vinnii. — Lutetiæ Parisiorum , 1808. — 2 vol. in-12.

25. — Arnoldi Vinnii in quatuor libros Institutionum Commentarium, cui accedunt quæstiones Juris selectæ. — Lugduni , 1761. — 2 vol. in-4.

26. — Joannis Schneidwini in quatuor Institutionum libros Commentaria. — Coloniæ Agrippinæ , 1740. — 4 vol. in-4.

27. — Institutes expliquées, par Ducaurroy. — Paris, 1824—27. — 3 vol. in-8.

28. — Repetitio capituli Raynutius de Testamentis , Gulielmi Benedicti. — Lugduni, 1544. — 1 vol. in-f°.

29. — Traité du Droit romain, par M. de Savigny, traduit de l'allemand par Guénon. — 1840—49. — 7 vol. in-8.

TITRE II.

Ancien Droit français.

CHAPITRE Ier.

Recueils de Lois.

30. — Capitula regum Francorum, edita Baluzio. — Parisiis, 1677. — 2 vol. in-f°.

31. — Recueil des anciennes lois françaises, par MM. Isambert, Decruzy et Taillandier. — Paris, 1833. — 31 vol. in-8.

32. — Les Edits et Ordonnances des roys de France depuis St Loys jusques à présent, par Fontanon. — Paris, 1585. — 4 tomes en 2 vol. in-f°.

33. — Ordonnances des rois de France, de Louis XIV à François Ier inclusivement, par Pierre Néron et Étienne Girard. — Paris, 1566. — 1 vol. in-f°.

34. — Le Code de Henri III, augmenté des édits de Henri IV, par Barnabé Brisson. — Paris, 1609. — 1 vol. in-f°.

35 — Conférence des Ordonnances royaux (*sic*), par Pierre Guénois. — Paris, 1617. — 1 vol. in-f°.

36. — Recueil général des Edits, Déclarations, |Arrêts du conseil, etc., donnés sous le règne de Louis-le-Grand. — La Réole, 1684. — 1 vol. in-4.

37. — Ordonnance de Louis XIV sur le fait des eaux et forêts. — Paris, 1753. — 1 vol. in-12.

38. — Ordonnances de Louis XV. — Paris, 1738. — 1 vol. in-32.

CHAPITRE II.

—

Droit coutumier.

—

39. — Grand Coutumier général, par Charles Dumoulin. — Paris, 1667. — 2 vol. in-f°.

40. — Nouveau Coutumier général, par Bourdot de Richebourg. — Paris, 1724. — 4 vol. in-f°.

41. — Commentarii in parisienses Consuetudines, Carolo Molinæo, Dyonisii Gothofredi Opera restituti. — Bernæ Helvetiorum, 1597. — 1 vol. in-f°.

42. — Le Droit commun de la France et les Coutumes de Paris réduits en principes, par de Bourjon. — Paris, 1770. — 2 vol. in-f°.

43. — Corps et Compilation de tous les commentateurs anciens et modernes sur la Coutume de Paris, par Claude de Ferrières.— Paris, 1685.—4 vol. in-f°.

44. — Coutume de Paris, par de Ferrières. — Paris, 1685. — 3 vol. in-f°.

45. — Traités de M. Duplessis sur la Coutume de Paris. — Paris, 1702. — 1 vol. in-f°.

46. — OEuvres de M. Henri Basnage, contenant notamment ses Commentaires sur la Coutume de Normandie et son Traité des hypothèques. — Rouen, 4° éd., 1778. — 2 vol. in-f°.

47. — Le Coutumier de Picardie, avec ses Commentaires. — Paris, 1726. — 2 vol. in-f°.

48. — Le Coutumier de Normandie, contenant les Commentaires. — Paris, 1728. — 2 vol. in-f°.

49. — Coutumes de Rheims, par Buridan. — Paris, 1665. — 1 vol. in-f°.

50. — Coutumes du bailliage de Troyes, avec les Commentaires, par Louis Legrand. — 4ᵉ édition, Paris, 1737. — 2 vol. reliés en un.

51. — R. d'Argentré Commentarii in Consuetudines ducatus Britanniæ. — 3ᵉ édition, Parisiis, 1621. — 1 vol. in-f°.

52. — Les Œuvres de Mᵉ René Choppin. (Coutume d'Anjou). — Paris, 1663. — 5 vol. in f°.

53. — Consuetudines biturigenses, turonenses et aurelianenses. — Parisiis, 1529. — 1 vol. in-4.

54. — Nouveaux Commentaires sur les Coutumes générales des duchés de Berry, par M. Gaspard Thaumas de La Thaumassière. — Bourges, 1701. — 1 vol. in-f°.

55 — Œuvres de Guy Coquille. — Bordeaux, 1703. — 2 vol. in-f°.

56. — Repertorium mire fecundum domini Bartholomæi A Chassanæo super Consuetudines Burgundiæ. — Lugduni, 1543. — 1 vol. in-f°.

57. — Coutumes de Bourgogne, par Taisand. — Dijon, 1698. — 1 vol. in-f°.

58. — Œuvres de jurisprudence de M. Bouhier, président au parlement de Dijon. — Dijon, 1787. — 3 vol. in-f°.

59. — Coutumes générales et locales du pays et duché de Bourbonnois, avec le Commentaire, par M. Auroux des Pommiers. — 2ᵉ éd., Riom 1780. — 2 vol. in-f°.

60. — Coutumes du haut et bas pays d'Auvergne, par de Basmaison-Pougnet. 4ᵉ éd., Clermont, 1567. — 1 vol. in-4.

61. — Coutumes locales de la haute et basse Auvergne, par M. Chabrol. — Riom, 1786. — 4 vol. in-4.

62. — Commentarii in leges Marchiæ municipales, Nicolao Callæo Garactensi. — Parisiis, 1573. — 1 vol. in 4.

63. — Commentaires de la Coutume de la Marche, par de Fournoue. — Clermont-Ferrand, 1744. — 1 vol. in-8.

64. — Commentaire de la Coutume de la Marche, par Jabely. — Paris, 1744. — 1 vol. in-12.

65. — Coutume de la Marche, par Regnault (manuscrite). — 3 vol in-f°.

66. — Notes manuscrites sur la même Coutume, par le même. — 1 vol. in-f°.

67. — Questions sur le texte et sur l'usage de la Coutume de la Marche. — (Manuscrit de M. de Fournoue.) — 1 vol. in-f°.

68. — Coutumes du pays et comté de Poictou, anciens ressorts et enclaves d'iceluy, avec les annotations par Jacques Barraud. — Poitiers, 1625. — 1 vol. in-4.

69. — Responsum J. Bosselii Borderii et Joannis Constantii ad varias quæstiones in Consuetudinem Pictonum. — 1659. — 1 vol. in-f°.

70. — Coutume du Poitou, par Boucheul. — Poitiers, 1727. — 2 vol in-f°.

71. — Nouveaux Commentaires sur la Coutume de La Rochelle et du pays d'Aunis, par M. René-Josué Vaslin. — La Rochelle, 1756. — 3 vol. in-4.

72. — Coutume d'Angoumois, par Vigier. — Angoulême, 1720. — 1 vol. in-f°.

73. — L'Usance de Saintonge entre mer et Charente, par Cosme Béchet. — Bordeaux, 1701, 3ᵉ éd. — 1 vol. in-4.

74. — Arnoldi Ferronii Burdigalensis in Consuetudines Burdigalensium libri duo, et Appendix. — Lugduni, 1540; Lemovicis, 1546, apud Novalium. — 3 tomes en 1 vol. in-4.

75. — Commentaires sur les Coutumes générales de la ville de Bordeaux et pays Bordelais, par Bernard Automne. — Bordeaux, 1737. — 1 vol. in-fᵒ.

76. — Conférence de toutes les questions traitées par M. de Ferron dans son Commentaire sur la Coutume de Bordeaux, avec le Commentaire de Bernard Automne et la Jurisprudence du parlement de Bordeaux, par Pierre Dupin. — Bordeaux, 1746. — 1 vol. in-4.

77. — Coutume du ressort du parlement de Guienne, par deux avocats au parlement (les frères Lamothe). — 1769. — 2 vol. in-8.

78. — Institutes coutumières de Loysel, avec les notes de Laurière. — Edit. Dupin et Laboulaye. — 2 vol. in-8.

79. — Somme rurale, par Jean Bouteiller. — Paris, 1612. — 1 vol. in-4.

CHAPITRE III.

—

Droit public et étranger.

—

80. — Le Droit de la nature et des gens, par Puffendorf, traduit par Barbeyrac. — Londres, 1740. — 3 vol. in-4.

81. — Le Droit des gens, par de Vattel. — Londres, 1758. — 1 vol. in-4.

82. — Droit public de l'Europe, par l'abbé de Mably. — Genève, 1748. — 2 vol. in-12.

83. — Le Droit de la guerre et de la paix, par Grotius, traduit par de Courtin. — La Haye, 1703. — 3 vol. in-12.

84. — Le Droit public de France, par Bouquet. — Paris, 1756. — 1 vol. in-4.

85. — Abrégé chronologique des grands Fiefs, par Brunet. — Paris, 1759. — 1 vol. in-12.

86. — Pragmatica Sanctio cum glossis. — Parisiis, 1555. — 2 vol. in-12.

87. — Libertés de l'Eglise gallicane, par Durand de Maillancs. — Lyon, 1771. — 5 vol. in-4.

88. Defensio Declarationis conventus cleri gallicani anno 1682, auctore Bossuet. — Amstelodami, 1742. — 2 vol. in-4.

89. — Code Frédéric. — 1751. — 2 vol. in-8.

CHAPITRE IV.

Droit civil.

90. — Aureæ Decisiones Nicolai Boërii. — Lugduni, 1544. — 1 vol. in-f°.

91. — Joannis Petri de Ferrariis Praxis aurea. — Genevæ, 1618. — 1 vol. in-4.

92. — Tractatus singularis de Molendinis, Johannis Herengii. — Francofurti, 1643. — 1 vol. in-4.

83. — Covarruvias a Leyva Toletani Opera omnia. — Antuerpiæ, 1638. — 1 vol, in-f°.

94. — Antonii Fabri Conjecturarum juris civilis libri viginti. — Aurelianæ Allobrogum, 1609. — 1 vol. in-f°.

95. — De Conjecturis ultimarum Voluntatum Tractatus, auctore Francisco Mantica. — Lugduni, 1592. — 1 vol in-f°.

96. — A. Tiraquelli, de utroque Retractu. — Lugduni, 1571. — 1 vol. in-f°.

97. — Restitutionis in integrum Materia, Joanne-Mauricio Dolona. — Parisiis, 1548. — 1 vol. in-4.

98. — Bartholomæi Cæpolæ Tractatus de Servitutibus. — Lugduni, 1688. — 1 vol. in-4.

99. — Institutions du Droit français suivant l'ordre de celles de Justinien, par Claude Serres. — Paris, 1778. — 1 vol. in-4.

100. — Les Institutes de l'empereur Justinien conférées avec le droit français, par François de Boutaric. — Toulouse, 1740. — 1 vol. in-4.

101. — Les Institutions au Droit français, par Argou, revues par Boucher d'Argis. — Paris, 1773. — 2 vol. in-12.

102. — Conférences du Droit romain avec le Droit français, par Bernard Automne. — Paris, 1629. — 1 vol. in-f°.

103. — Les Lois civiles dans leur ordre naturel, par Domat. — Paris, 1777. — 1 vol. in-f°.

104. — OEuvres complètes de Pothier. — Paris, éd. Dupin, 1823. — 12. vol. in-8.

105. — OEuvres de Baquet. — Paris, 1664. — 1 vol. in-f°.

106. — OEuvres de Loyseau. — Paris, 1678. — 1 vol. in-f°.

107. — OEuvres de Simon d'Olive. — Lyon, 1650. — 1 vol. in-f°.

108. — OEuvres de M. Antoine d'Espeisses. — Lyon, 1750. — 3 vol. in-f°.

109. — OEuvres de Renusson. — Paris, 1760. — 1 vol. in f°.

110. — OEuvres de Claude Henrys. — 6ᵉ éd., Paris, 1772. — 4 vol. in-f°.

111. — OEuvres de Denis Lebrun. — Traité des Successions et de la Communauté. — Paris, 1704. — 2 vol. in-f°.

112. — Traité des Successions, du même auteur. — Paris, 1775. — 1 vol. in-f°.

113. — Traité des Donations, de Ricard. — Paris, 1669. — 1 vol. in-f°.

114. — Ordonnance de Louis XV sur les Donations, par M⁰ Jean-Baptiste de Furgole. — Toulouse, 1761. — 2 vol. in-4.

115. — Explication de l'Ordonnance de Louis XV concernant les Donations, par François de Boutaric. — Avignon, 1744. — 1 vol. in-4.

116. — La Jurisprudence des Donations entre vifs, par Pierre Roussilhe. — Avignon, 1771. — 3 vol. in-12.

117. — Conférence de l'Ordonnance des Donations avec le Droit romain, les anciennes Ordonnances et la Jurisprudence, par Dumont. — Paris, 1753. — 1 vol. in-8.

118. — Les Institutions au droit [de Légitime, par Pierre Roussilhe. — Avignon, 1768. — 1 vol. in-12.

119. — Traité des Testaments, par Jean-Baptiste de Furgole. — Paris, 1748. — 4 vol. in-4.

120. — Commentaire de l'Ordonnance des Substitutions, par Jean-Baptiste de Furgole. — Paris, 1767. — 1 vol. in-4.

121. — Questions concernant les Substitutions, avec les Réponses de tous les parlements et cours souveraines et les Observations du chancelier d'Aguesseau sur ces réponses. — Toulouse, 1770. — 1 vol. in-4.

122. — Traité des Servitudes réelles, par Lalaure. — Paris, 1777. — 1 vol. in-4.

123. — Mémoire concernant la nature] et la qualité des Statuts, par Louis Froland. — Paris, 1729. — 2 vol. in-4.

124. — Les Lois des Bâtiments suivant la coutume de Paris, par Desgodets. — Paris, 1769. — 1 vol. in-8.

125. — Traité des Prescriptions, par Dunod de Charnage. — Paris, 1753. — 1 vol. in-4.

126. — Traité des Tutelles et Curatelles. — Paris, 1686. — 1 vol. in-4.

127. — Traité des Tutelles, par Jean-Antoine de Ferrière. — Toulouse, 1766. — 1 vol. in-4.

128. — Traité des Peines des secondes noces, par Dupin, avocat au parlement de Bordeaux. — Paris, 1743. — 1 vol. in-4.

129. — Recueil par ordre alphabétique des principales questions de Droit, par Bretonnier. — Paris, 1771, 4⁰ éd. — 2 vol. in-12.

130. — Maximes journalières du Droit français, par A. L.***. — Paris, 1749. — 1 vol. in-4.

131. — Introduction à l'étude des lois sur les Domaines congéables, par Carré. — Rennes, 1822. — 1 vol. in-8.

132. — L'Esprit des Ordonnances et des principaux Edits et Déclarations de Louis XV en matières civile, criminelle et bénéficiale, par Sallé. — Paris , 1771. — 1 vol. in-4.

133. — Dictionnaire de Droit et de Pratique, par Claude-Joseph de Ferrière. — Toulouse, 1779. — 2 vol. in-4.

134. — Dictionnaire des Domaines et Droits domaniaux. — Paris , 1775. — 2 vol. in-4.

135. — Code rural. — Paris , 1773. — 2 vol. in-12.

136 — Traité du Gouvernement spirituel et temporel des Paroisses, par Jousse. — Paris , 1769. — 1 vol. in-12.

CHAPITRE V.

Droit commercial.

137. — Nouveau Commentaire sur les Ordonnances d'août 1669 et mars 1673, par M.*** (Jousse), conseiller au présidial d'Orléans. — Paris , 1777. — 2 vol. in-12.

138. — Commentaire sur l'Ordonnance de la Marine, par Valin. — La Rochelle, 1760. — 2 vol. in-4.

139. — Réglements et Lettres-Patentes sur la Marine, publiés de 1734 à 1783. — 1 vol. in-4.

CHAPITRE VI.

Procédure.

140. — Procès-verbal des Conférences sur les Ordonnances de 1667 et 1670. — Louvain , 1700. — 1 vol. in-4.

141. — Nouveau Commentaire sur l'Ordonnance de 1667 , par M.*** (Jousse) , conseiller au présidial d'Orléans . — Paris, 1757. — 2 vol. in 12.

142 — Traité des fonctions, droits et priviléges des Commissaires enquê-
teurs, par le même. — Paris, 1759. — 1 vol. in-12.

143. — Questions sur l'Ordonnance de 1667, par Marc-Antoine Rodier. —
Toulouse, 1749. — 1 vol. in-4.

144. — Code civil, ou Commentaire sur l'Ordonnance de 1667, par Serpillon.
— Paris, 1776. — 1 vol. in-4.

145. — Conférence des Ordonnances, par Bornier. — Paris, 1703. — 2 vol.
in-4.

146. — Traité de la Preuve par témoins, par Danty. — Paris, 1769. —
1 vol. in-4.

147. — Traité de la Vente des immeübles par décret, par d'Héricourt. —
Paris, 1771. — 2 vol. in-4.

148. — Réglement sur les Scellés. — Paris, 1756. — 1 vol. in-4.

CHAPITRE VII.

—

Droit criminel.

—

149. — Lois et Procédures criminelles de 1256 à 1739. — Paris, 1739. — 1 vol.
in-4.

150. — Code pénal, ou Recueil des Ordonnances, Édits et Déclarations sur les
crimes et délits. — Paris, 1777. — 1 vol. in-12.

151. — Nouveau Commentaire sur l'Ordonnance criminelle du mois d'août
1670, par Jousse. — Paris, 1766 — 2 vol. in-12.

152. — Traité des Matières criminelles suivant l'Ordonnance de 1670, par
Guy du Rousseau de Lacombe. —Paris, 1747. — 1 vol. in-4.

153. — Traité de la Mort civile, par Richer. — Paris, 1755. — 1 vol. in-4.

154. — Traité de Justice criminelle en France, par Jousse. — Paris, 1771.
— 4 vol. in-4.

155. — Code du Faux, ou Commentaire sur l'Ordonnance de juillet 1737,
par François Serpillon. — Lyon, 1774. — 1 vol.-in 4.

156. — Traité des Injures dans l'ordre judiciaire, par M. F. Dareau, avocat
au siége présidial de Guéret. — Paris, 1777. — 1 vol. in-12.

157. — Dictionnaire ou Traité de Police générale, par de La Poix de Fréminville. — Paris, 1758. — 1 vol. in-4.

CHAPITRE VIII.

Droit canonique.

158. — Les Lois ecclésiastiques de France dans leur ordre naturel, par Louis d'Héricourt. — Paris, 1771. — 1 vol. in-f°.

159. — Recueil de Jurisprudence canonique et bénéficiale, par Guy du Rousseau de Lacombe. — Paris, 1775. — 1 vol. in-f°.

160. — Decretum Gratiani emendatum, Gregorii XIII jussu editum. — Parisiis, 1601. — 1 vol. in-f°.

161. — Dictionnaire de Droit canonique et de Pratique bénéficiale, par Durand de Maillanes. — Paris, 1761. — 2 vol. in-4.

162. — Commentaires de l'Edit d'avril 1695 concernant la juridiction ecclésiastique, par M*** (Jousse), conseiller au présidial d'Orléans. — Paris, 1774. — 2 vol. in-12.

163. — Traité historique de l'origine et de la nature des Dîmes. — Paris, 1762. — 1 vol. in-12.

164. — Dictionnaire portatif des Conciles. — Paris, 1767. — 1 vol. in-12.

165. — Sacrosanctum Concilium tridentinum. — Lugduni, 1640. — 1 vol. in-4.

166. — Sacrosancti et œcumenici Concilii tridentini. — Antuerpiæ, Plantiniana editio, 1644. — 1 vol. in-12.

CHAPITRE IX.

Matières féodales.

167. — Traité des Fiefs, suivi des Observations sur le droit des patrons et des seigneurs de paroisse aux honneurs dans l'église, par Germain-Antoine Guyot. — Paris, 1758. — 7 vol. in-4.

168. — La Pratique universelle pour la rénovation des Terriers et des Droits seigneuriaux, par Edme de La Poix de Fréminville. — Paris, 1762. — 5 vol. in-4.

169. — Traité des Justices des seigneurs et des Droits en dépendants, par Jacquet. — Paris, 1764. — 1 vol. in-4.

170. — Traité des Droits des seigneurs et des Matières féodales, par François de Boutaric. — Toulouse, 1776. — 1 vol. in-4.

CHAPITRE X.

—

Jurisprudence.

—

171. — Bibliothèque des Arrêts de tous les parlements de France, par Laurent Jouet. — Paris, 1669. — 1 vol. in-f°.

172. — Journal du Palais, ou Recueil des principales Décisions de tous les parlements de France, par Blondeau et Guéret. — Paris, 1755, 4ᵉ éd. — 2 vol. in-f°.

173. — Dictionnaire des Arrêts, par Jacques Brillon. — Paris, 1727. — 6 vol. in-f°.

174. — Recueil d'arrêts notables, par Jean Papon. — Cologne, 1616. — 1 vol. in-4.

175 — Arrêts notables des différents Tribunaux du royaume, par Mathieu Augeard. — Paris, 1756. — 2 vol. in-f°.

176. — Recueil de plusieurs notables Arrêts, par Georges Louet et Jean Brodeau. — Paris, 1662. — 2 tomes en 1 vol.

177. — Questions notables de Droit, par Claude Leprestre. — Paris, 1679. — 1 vol. in-f°.

178. — Nouveau Recueil de plusieurs Questions notables, par Lucien Soëfve. — Paris, 1682. — 2 tomes en 1 vol. in-f°.

179. — Recueil d'Arrêts du parlement de Paris, par Pierre Bardet, annoté par Claude Berroyer. — Paris, 1615. — 2 tomes en 1 vol. in-f°.

180. — Recueil d'Arrêts du parlement de Paris, pris des mémoires de feu Pierre Bardet. — Avignon, 1773. — 2 tomes en 1 vol. in-f°.

181. — Journal des Audiences du parlement, avec les Arrêts qui y ont été rendus, par Jean Dufresne. — Paris, 1733 à 1754. — 7 vol. in-f°.

182. — Recueil d'Arrêts remarquables du parlement de Paris, par Claude Henrys. — Paris, 1662. — 2 vol. in-f°.

183. — Arrêts de la cour prononcés en robes rouges, recueillis par Montholon. Paris, 1629. — 1 vol. in-4.

184. — Decisiones supremi senatus burdigalensis, auctore Nicolao Boërio. — Francofurti, 1665. — 1 vol. in-f°.

185. — Recueil de Jurisprudence du parlement de Bordeaux, par Salviat. — Paris, 1787. — 1 vol. in-4.

186. — La Jurisprudence du parlement de Bordeaux, par Salviat. — Nouvelle édition, augmentée par M. B*** (Ballet), ancien magistrat. — 2 vol. in-4.

187. — Recueil de Mémoires publiés au parlement de Bordeaux. — 2 vol. in-f°.

188. — Décisions sommaires du palais, par Abraham La Peyrère. — Bordeaux, 1749. — 1 vol. in-f°.

189. — Anciens et nouveaux Règlements de la cour du parlement de Guienne, par Verninac et Lhommeau. — Bordeaux, 1743. — 1 vol. in-4.

190. — Décisions notables sur plusieurs questions de droit jugées par la cour du parlement de Toulouse, par de Cambolas. — Toulouse, 1669, 4e éd. — 1 vol in 4.

191. — Arrêts remarquables du parlement de Toulouse, par Jean de Catelan. — Toulouse, 1756. — 2 vol. in 4.

192. — Observations sur les Arrêts de Catelan, par Gabriel Vedel. — — Toulouse, 1758. — 2 vol. in-4.

193. — Arrêts notables du parlement de Toulouse, par Bernard de La Roche-Flavin. — Toulouse, 1745. — 1 vol. in-4.

194. — Notables et singulières Questions de droit écrit jugées au parlement de Toulouse, par Géraud de Maynard. — Toulouse, 1751. — 1 vol. in f°.

195. — Arrêts notables de la cour du parlement de Provence, par Hyacinthe de Boniface. — Paris, 1670. — 2 vol. in-f°.

196. — Guidonis-Papæ Decisiones. — Genevæ, 1630. — 1 vol. in-f°.

197. — La Jurisprudence de Guy-Pape, par Nicolas Chorier. - Grenoble, 1769. — 1 vol. in-4.

198. — Collection de Décisions nouvelles et de Notions relatives à la Jurisprudence actuelle, par J.-B. Denisart. — Paris, 1773, 8e éd. — 4 vol. in-4.

199. — Collection de Décisions nouvelles et de Notions relatives à la Jurisprudence donnée par M. Denisart, et mise à un nouvel ordre par MM. Camus et Bayard. — Paris, 1783. — 9 vol in-4.

200. — Dictionnaire de Jurisprudence et des Arrêts, par Prost de Royer. — Lyon, 1781. — 7 vol. in-4.

201. — Répertoire de Jurisprudence, par Guyot. — Paris, 1785. — 17 vol. in-4.

202. — Recueil de Jurisprudence, par Guy du Rousseau de Lacombe. — Paris, 1785. — 1 vol. in-f°.

TITRE III.

Droit intermédiaire.

203. — Code judiciaire, contenant tous les Décrets relatifs au nouvel ordre judiciaire et à la destruction de l'ancien. — Paris, 1791 et 1792. — 2 tomes en 1 vol. in-12.

204. — Code de Police, par Guichard. — Paris, an III, 2ᵉ éd. — 2 vol. in-12.

205. — Code des Successions, Donations, Substitutions, Testaments et Partages, par Guichard. — Paris, an III. — 1 vol. in-12.

206. — La nouvelle Législation française, Code municipal. — Avignon, 1791. — 1 vol. in-8.

207. — Collection des Lois françaises sur le Droit civil, par un ancien juris-consulte de Bordeaux (de Martignac père). — Bordeaux, an VIII de la république.

208. — Questions transitoires, par Chabot (de l'Allier). — 1829. — 3 vol. in-8.

TITRE IV.

Droit nouveau.

CHAPITRE Iᵉʳ.

Recueils de Lois.

209. — Bulletin des Lois, Arrêtés, Décrets, Ordonnances. — 103 vol. in-8.

210. — Collection complète des Lois, Décrets et Ordonnances depuis 1789, par Duvergier. — 51 vol. in-8.

211. — Collection générale des Lois, Sénatus-consultes Décrets, Arrêtés, de 1789 à 1819, par Rondonneau. — Paris, 1817—1849. — 28 vol. in-8.

212. — Code général français, par Desenne. — 22 vol. in-8.

213. — Recueil général et annoté des Lois, Décrets et Ordonnances depuis
le mois de juin 1789 jusqu'au mois d'août 1830, par les rédacteurs du
Journal des notaires et des avocats, du 1er avril 1814 au 29 juillet 1830.
— 6 vol. in-8.

214. — Recueil des Lois et Ordonnances d'intérêt général depuis le 7 août
1830, par les rédacteurs du *Journal des notaires* et du *Dictionnaire
de notariat*. — 14 tomes en 7 vol. in-8.

215. — Lois des communes, extraites du Bulletin des lois, par M. Dupin.
— 2 vol. in-8.

216. — Lois de la Procédure civile, extraites du Bulletin des lois, par
M. Dupin. — 1 vol. in-8.

217. — Lois criminelles, extraites du Bulletin des lois, par M. Dupin. —
12 vol. in-8.

218. — Projets des Codes civil, criminel et de procédure. — 3 vol. in-4.

CHAPITRE II.

Législation générale et particulière.

219. — Législation civile, commerciale et criminelle de la France, par
Locré. — 1827-1832. — 31 vol. in-8.

220. — Recueil complet des Travaux préparatoires du Code civil, par Fenet.
— 1836. — 15 vol. in-8.

221. Essai d'un Traité sur la Justice universelle, ou les Sources du Droit, par
Bacon. — Traduction nouvelle, avec notes par M. de Vauzelle. — 1824.
— 1 vol. in-8.

222. — OEuvres de Montesquieu. — 8 vol. in-8.

223. — Législation primitive, par M. le vicomte de Bonald. — Paris, 1847,
4e édit. — 1 vol. in-8.

224. — Traité de Législation, par Ch. Comte. — 3e édit, 1835. — 4 vol. in-8.

225 — Traité de la Propriété, par Ch. Comte — 1834. — 2 vol. in-8.

226. — OEuvres de G. Filangieri, avec Commentaires de Benjamin Constant.
— Paris, 1841. — 3 vol. in-8.

227. — De l'Influence des mœurs sur les lois et des lois sur les mœurs, par
M. Mater. — Paris, 1815 — 1 vol. in-8.

228. — De l'administration de la Justice, et de l'Ordre judiciaire en France, par M. d'Eyraud. — 2ᵉ éd., Paris, 1825. — 3 vol.

229. — Observations de la Cour de cassation sur le projet de loi d'organisation judiciaire : Rapport de M. Portalis.

CHAPITRE III.

Droit civil.

---

230. — Droit civil français, par Toullier. — 5ᵉ éd., 1836—1840. — 15 vol. in-8.

231. — Droit civil français, continué par M. Duvergier. — 1835—1838. — 5 vol. in-8.

232. — Droit civil expliqué, par M. Troplong. — 3ᵉ éd., 1838—1850. — 23 vol. in-8.

233. — Cours de Droit français suivant le Code civil, par M. Duranton. — 4ᵉ éd., 1844. — 22 vol. in-8.

234. — Théorie raisonnée du Code civil, par Fr. Taulier. — 1840—1846. — 7 vol. in-8.

235. — Cours de Droit civil français, traduit de l'allemand de M. C.-S. Zachariæ, par C. Aubry et C. Rau. — 2ᵉ éd., 1840—1841. — 5 vol. in-8.

236. — Eléments du Droit civil français, par M. V. Marcadé. — 3ᵉ édition. — 5 vol. in-8.

237. — Cours de Code civil, par M. Demolombe. — 7 vol. in-8.

238. — Commentaire analytique du Code civil : Jouissance et Privation des Droits civils, par M. Coin de Lisle. — Paris, 2ᵉ éd., 1846. — 1 vol. in-4.

239. — Commentaire analytique du Code civil. — Actes de l'état-civil, par MM. Coin de Lisle et Royer. — 1846. — 1 vol. in-4.

240. — Traité sur l'état des Personnes et sur le Titre préliminaire du Code civil, par Proudhon. — 3ᵉ édition, augmentée par M. Valette. — 1842. — 2 vol. in-8.

241. — Traité (nouveau) des Absents, par Talandier. — 1831. — 1 vol. in 8.

242. — Code et Traité des Absents, par Plasman. — 1841. — 2 vol. in-8

243. — Traité de l'état des Familles, par Richefort. — 1842. — 2 vol. in-8.

244 — De l'Illégalité de l'Adoption des Enfants naturels, par M. Benech. — 2° éd., Paris, 1845. — 1 vol. in-8.

245. — Traité de la Séparation de corps, par M. Massol. — Paris, 1841. — 1 vol. in-8.

246. — Traité des trois Puissances : maritale, paternelle et tutélaire, par M. Chardon. — 1841. — 3 vol. in-8.

247. — Traité des Droits d'Usufruit, d'Usage et d'Habitation, par Proudhon. — 2° éd., 1836 — 8 vol. in-8.

248. — Traité des Servitudes, par M. Pardessus. — 8° éd., 1838. — 2 v. in-8.

249. — Traité des Servitudes d'utilité publique, par M. Jousselin. — 1850. — 2 vol. in-8.

250. — Traité du Voisinage, par Fournel. — 4° éd., 1834. — 2 vol. in-8.

251. — Code des Constructions et de la Contiguïté, par M. Perrin. — 4° éd., Bordeaux, 1846. — 1 vol. in-8.

252. — Pratique des cours d'Eau, par M. Daviel. — 2° éd., 1837. — 2 v. in-8.

253. — Régime des Eaux, par M. Garnier. — 3° éd., 1839-1840. — 4 vol. in-8.

254. — Analyse raisonnée de la Législation sur les Eaux, par M. Dubreuil. — Nouvelle édition, 1842 — 2 vol. in-8.

255. — De la Propriété des cours d'Eau et du lit des Rivières non navigables et non flottables, par M. Rives — Paris, 1850. — 1 vol. in-8.

256. — Des Usines sur les cours d'Eau, par M. Nadault de Buffon. — Paris, 1840. — 2 vol. in-8.

257. — Traité des Chemins, par M. Garnier. — 4° éd. avec supplément, 1834. — 1 vol. in-8.

258 — Commentaire sur la loi des Successions, par Chabot (de l'Allier). — 6° éd., 1832. — 3 vol. in-8.

259. — Traité des Successions, par M. Poujol. — 2° éd., 1843. — 2 vol. in-8.

260. — Traité du bénéfice d'Inventaire et de l'acceptation des Successions, par M. Bilhard. — 1 vol. in-8.

261. — Traité de la séparation des Patrimoines, par M. Dufresne. — Paris, 1842. — 1 vol. in-8.

262 — Traité du Retrait successoral, par M. X. Benoît. — Paris, 1846. — 1 vol. in-8

263. — Traité des Donations, par Grenier. — 1807. — 3 vol. in-8.

264. — Traité des Donations entre vifs, par M. Guilhon. — 1818 — 3 vol. in-8.

265. — Commentaire analytique du Code civil sur les Donations et Testaments, par M. Coin de Lisle. — 2° éd., 1844. — 1 vol. in-4.

266. — Traité de la Quotité disponible entre époux, par M. Benech. — 1843. — 1 vol. in-8.

267. — Traité des Substitutions prohibées, par M. Rolland de Villargues. — 3° éd., 1833. — 1 vol. in-8.

268. — Traité des Contre-Lettres, par Plasman. — 1839. — 1 vol. in-8.

269. — Traité du Délit de la Fraude, par M. Chardon. — 1828. — 3 v. in-8.

270. — Théorie sur la Nullité des Actes et des Conventions, par M. Solon. — 1835. — 2 vol. in-8.

271. — Traité des Nullités de Droit en matière civile, par Perrin. — 1816. 1 vol. in-8.

272. — Traité du Contrat de mariage et des Droits respectifs des époux, par MM. Rodière et Pont. — 1847. — 2 vol. in-8.

273. — Les Phases de la Dot, par Grellet-Dumazeau. — 1848. — 1 vol. in-8.

274. — Traité sur la Dot, par H. Tessier. — 1835. — 1 vol. in-8.

275. — De l'Emploi et du Remploi de la Dot sous le régime dotal, par M. Benech. — Paris, 1847. — 1 vol. in-8.

276. — Traité de la Dot, par M. X. Benoît. — Grenoble, 1829. — 2 v. in-8.

277. — Traité des Biens paraphernaux, par M. X. Benoît. — Grenoble, 1834. — 1 vol. in-8.

278. — Traité du Cautionnement en matières civile et commerciale, par Ponsot. — 1844 — 1 vol. in-8.

279. — Commentaire analytique du Code civil sur la Contrainte par corps, par Coin de Lisle. — 1834. — 1 vol. in-4.

280. — Traité des Prescriptions, par Vazeilles. — 1832. — 2 vol. in-8.

281. — Le nouveau Dunod, ou le Traité des Prescriptions de cet auteur mis en concordance avec la législation actuelle, par Delaporte. — 1810. — 1 vol. in-8.

282. — Régime hypothécaire, par M. Persil. — 4e éd., 1833. — 2 vol. in-8.

283. — Traité des Hypothèques, par Grenier. — 3e éd., 1829. — 2 vol. in-4.

284 — Documents relatifs au Régime hypothécaire, publiés par M. le garde des sceaux. — 1844. — 3 vol. grand in-8.

285. — OEuvres judiciaires de Henrion de Pansey. — 1843. — 1 vol. grand in-8.

CHAPITRE IV.

Procédure et Tarif.

286. — Traité de la Procédure civile, par Pigeau, commenté par Crivelli. — 5e éd., 1833. — 2 vol. in-4.

287. — Lois de la Procédure civile, par Carré. — 2e éd., 1829. — 3 vol. in-4.

288. — Lois de la Procédure, par Carré et M. Chauveau (Adolphe).— 3e édit.,
1839—1845. — 6 vol. in-8.

289. — Traité des lois de l'Organisation judiciaire et de la Compétence des
Juridictions civiles, par Carré. — Nouvelle édition, revue par M. V. Foucher, 1833. — 8 vol. in-8.

290. — Commentaire des Lois des 25 mai et 11 avril 1838 sur les Justices de
paix et les Tribunaux de première instance, par M. Victor Foucher. —
1 vol. in-8.

291. — Cour de cassation : Lois et Règlements à son usage, par M. Tarbé.
— 1840. — 1 vol. in-4.

292. — Dictionnaire de Procédure civile et commerciale, par M. Bioche. —
3e éd., 1847. — 6 vol. in-8.

293. — Théorie de la Procédure civile, par Boncenne, continué par
M. Bourbeau. — 1839 à 1845. — 5 vol. in-8.

294. — Cours de Procédure civile, par M. Berriat—St—Prix. — 6e éd., 1836.
— 2 vol. in-8.

295. — De la Compétence des Juges de paix, par Henrion de Pansey. —
1820. — 1 vol. in-8.

296. — Traité des Actions, par M. Poncet. — 1817. — 1 vol. in-8.

297. — Traité des Jugements, par M. Poncet. — 1822. — 2 vol. in-8.

298. — Traité de l'Appel en matière civile, par Talandier. — 1839. — 1 vol.
in-8.

299. — Traité de l'Appel et de l'Instruction sur l'Appel, par M. Rivoire. —
1844. — 1 vol. in-8.

300. — De l'Emprisonnement pour Dettes, par M. Bayle-Mouillard. — Paris,
1836. — 1 vol. in-8.

301. — Ordonnances sur Requête et sur Référés, par M. de Belleyme. —
2e éd., 1844. — 2 vol. in-8.

302. — Traité de l'Arbitrage en matières civile et commerciale, par Goubeau
de La Billenerie. — 1832. — 2 vol. in-8.

303. — Commentaire de l'Arbitrage volontaire et forcé, par M. Bellot des
Minières. — La Réole, 1838. — 3 vol. in-8.

304. — Manuel du Juge Taxateur, par M. Sudraud-Desisles. — 1829. — 1 vol.
in-8.

305. — Commentaire sur le tarif en matière civile, par M. N. Carré. — 1839.
— 1 vol. in-8.

306. — Commentaire sur le Tarif, par M. Chauveau (Adolphe). — 1836. —
2 vol. in-8.

307. — Dictionnaire raisonné du Tarif des frais et dépens en matière civile,
par M. Rivoire. — 3e éd., 1838. — 1 vol. in-8.

308. — Nouveau Dictionnaire raisonné de la Taxe en matière civile, par
M. Boucher d'Argis. — 1844. — 1 vol. in-8.

CHAPITRE V.

Droit commercial.

309. — Cour de Droit commercial, par M. Pardessus. — 5. éd. — 6 vol. in-8.

310. — Des Tribunaux de commerce, par M. Nouguier. — 1844. — 3 vol. in-8.

311. — Des Sociétés commerciales, par M. Delangle. — 1843. — 2 vol. in-8.

312. — Des Lettres de change et Effets de commerce, par M. Nouguier. — 1844. — 2 vol. in-8.

313. — Traité des Faillites et Banqueroutes, par M. Renouard. — 1842. — 2 vol. in-8.

314. — Code des Faillites et Banqueroutes, par M. Thierriet. — Paris , 1840. — 1 vol. in-8.

315. — Concordance entre les Codes de commerce étrangers et le Code de commerce français, par M. Antoine de St-Joseph. — 1849. — 1 vol. grand in-4.

316. — Traité des Droits d'auteur dans la littérature, les sciences et les beaux-arts, par M. Renouard. — 1838. — 1 vol. in-8.

317. — Traité de Brevets d'invention, par M. Renouard. — Paris, 1844. — 1 vol. in-8.

CHAPITRE VI.

Droit criminel. — Instruction criminelle. — Police. — Réforme pénitentiaire.

318. — Traité de Législation criminelle, par Legraverend. — 3e édit. — 2 vol. in-4.

319. — Théorie du Code pénal, par MM. Chauveau (Adolphe) et Hélie (Faustin). — 2e édit., 1843. — 6 vol. in-8.

320. — Traité de Droit criminel appliqué aux actions publiques et privées, par M. Le Sellyer. — 1844. — 6 vol. in-8.

321. — Traité théorique et pratique du Droit criminel français, par M. Rauter.
— 2 vol. in–8.

322. — Traité du Droit pénal, par Rossi. — 1829. — 3 vol. in–8.

323. — Journal de Droit criminel, par MM. Ach. Morin, Chauveau (Adolphe)
et Hélie (Faustin). — 1830 à 1851. — 22 vol. in–8. (Le 1er manque.)

324. — Dictionnaire de Droit criminel, par M. Achille Morin. — 1842. —
1 vol gr. in–8.

325. — Répertoire général et raisonné de Droit criminel, par M. Achille
Morin. — 1850. — 4 vol. gr. in–8.

326. — Traité de l'Action publique, par Mangin. — 1837. — 2 vol. in–8

327. — Traité de Médecine légale, par M. Orfila. — 3e édit., 1836. — 4 vol.
et atlas.

328. — Médecine légale théorique et pratique, par MM. Devergie et de Haussy
de Robécourt. — 2e édit., 1840. — 3 vol. in–8.

329. — Des Lois de la Presse en 1836, par M. Parant. — 1836. — 1 vol. in–8.

330 — Traité des Délits et Contraventions de la parole, de l'écriture et de
la presse, par M. Chassan. — 2e éd., Paris, 1846. — 2 vol. in–8.

331. — Lois sur la Presse depuis le 24 février 1848, avec Notes et Observations par M. Chassan. — Paris, 1851. — 1 vol. in–8.

332. — Commentaire des Lois de la Presse et autres moyens de publicité, par
M. de Grattier. — Paris, 1847. — 2 vol. in–8. — Avec Observations préli-
minaires en réponse à M. Chassan. — Paris, 1847 — Broch. in–8.

333. — Traité de la Diffamation, de l'Injure et de l'Outrage, par M. Th.
Grellet–Dumazeau. — Riom, 1847. — 2 vol. in–8.

334. — Code forestier, par M. Gagneraux. — 1827. — 2 vol. in–8.

335. — Code forestier, suivi de l'Ordonnance réglementaire, avec un Commentaire par M. Baudrillart. — 1832. — 2 vol. in–12.

336 — Code de la Pêche fluviale, avec un Commentaire par M. Baudrillard.
— 1829. — 2 vol. in–12.

337. — Législation de la Chasse, par M. Berriat–St–Prix fils. — 1845. —
1 vol. in–8.

338. — Manuel du Chasseur, par M. Championnière. — 1844. — 1 vol. in–18.

339. — Traité pratique des fonctions de Procureur du Roi, par M. de Molènes.
— 1843. — 1 vol. in–8.

340 — Manuel du Procureur du Roi, par M. Massabiau. — 2e éd., 1843. —
3 vol. in–8.

341. — Répertoire administratif des Parquets, par L.–G. Faure. — 1844.
— 1 vol. in–8.

342. — Manuel d'Instruction criminelle, par Bourguignon. — 3e édition,
1811; réimprimé en 1823. — 2 vol. in–8.

343. — De l'Instruction criminelle, par Carnot. — 1812. — 3 vol. in–4.

344. — De l'Instruction criminelle, par Carnot. — 2e éd., 1836. — 4 vol.
in–4.

345. — Cours de Procédure criminelle, par M. Berriat-St-Prix. — 4ᵉ éd.,
1836. — 1 vol. in-4.

346. — Notes d'un Juge d'instruction sur la Taxe en matière criminelle,
par M. Sudraud-Desisles. — 1832. — 1 vol. in-8.

347. — Traité de l'Instruction criminelle, par M. Hélie (Faustin). — 1845.
— 4 vol. in-8.

348. — Code de la Voirie, par Fleurigeon. — 5ᵉ éd., 1834. — 1 vol in-8.

349. — Des Qualités et des Devoirs d'un Président de cour d'assises, par
M. Gaillard. — 1835, 2ᵉ éd. — 1 vol. in-8.

350. — Théorie du Jury, par M. Oudot. — 1845. — 1 vol. in-8.

351. — Essai sur les Peines et le Système pénitentiaire, par M. Alauzet. —
1842. — 1 vol. in-8.

352. — Des Moyens propres à généraliser en France le Système pénitentiaire,
par M. Bérenger. — 1836. — 1 vol. in-8.

353. — Du Système pénitentiaire aux États-Unis, et de son application en
France, par MM. de Beaumont et de Tocqueville. — Paris, 1836, 2ᵉ éd.,
— 2 vol. in-8.

CHAPITRE VII.

—

Enregistrement et Notariat.

—

354. — Traité des Droits d'Enregistrement et d'Hypothèque, suivi d'un
Dictionnaire analytique, par MM. Championnière et Rigaud. — 1839.
— 5 vol. in-8.

355. — Le parfait Notaire, par Massé. — 4ᵉ éd., 1813. — 2 tomes en 1 vol.
in-4.

CHAPITRE VIII.

—

Discipline judiciaire et Préséances.

—

356. — De la Discipline judiciaire, par M. C..... (Carnot). — Paris, 1825.
— 1 vol. in-8.

357. — De la Discipline des Cours et Tribunaux, du Barreau et des Officiers ministériels, par M. Achille Morin. — Paris, 1847, 2ᵉ éd. — 2 vol in-8.
358. — Code des Préséances, par M. Toussaint. — Paris, 1845. — 1 vol. in-8.

CHAPITRE IX.

—

Recueils et Dictionnaires de Jurisprudence et de Droit.

—

359. — Bulletin officiel des Arrêts de la Cour de cassation en matière civile. 57 vol. in-8. (Jusqu'en 1847.)
360. — Bulletin officiel des Arrêts de la Cour de cassation en matière criminelle. — 53 vol. in-8. (Jusqu'en 1847.)
361. — Recueil général des Lois et Arrêts, par Sirey et Devilleneuve. — 50 vol. in-4.
362. — Lois annotées, par les mêmes. — 1 vol. grand in-4.
363. — Codes annotés de Sirey. — 4 vol. in-4.
364. — Codes annotés de Sirey.—Edition refondue par M. Gilbert.— 2 vol. gr. in-4.
365. — Journal du Palais, par M. Ledru-Rollin. — 3ᵉ éd. — 56 vol. grand in-8.
366. — Journal du Palais : Jurisprudence administrative. — Vol. 8 et 9 et 2 livres du tome X.
367 — Journal du Palais : Répertoire général, contenant la Jurisprudence de 1791 à 1845 ; l'Histoire du Droit ; la Législation, et la Doctrine des auteurs, par M. Ledru-Rollin. — 12 vol. in-4.
368. — Jurisprudence générale du royaume en matières civile, commerciale et criminelle, ou Journal des Audiences de la Cour de cassation et des Cours royales, par MM. Dalloz, Tournemine et Armand Dalloz. — 1825 à 1845. — 21 vol.
369 — Jurisprudence générale du royaume : Répertoire méthodique et alphabétique de Législation, de Doctrine et de Jurisprudence. — 19 vol. in-4. — Nouvelle édition, par M. Dalloz aîné, avec la collaboration de M. Armand Dalloz, son frère.
370. — Album Judiciaire : Recueil des Arrêts de la Cour royale de Limoges. — 12 vol. in-8.
371 —Répertoire universel et raisonné de Jurisprudence, par Merlin. — 5ᵉ éd. — 18 vol in-4.
372. — Questions de Droit, par le même. — 4ᵉ éd.. — 8 vol. in-4.

373. — Répertoire de la nouvelle Législation, par Favard de Langlade. — 1823. — 5 vol. in-4.
374. — Encyclopédie du Droit, par MM. Sebire et Carteret. — 6 vol. in-4 et 2 livraisons du 7e.
375. — Revue de Législation et de Jurisprudence, sous la direction de MM. Wolowski, Troplong, Giraud, Hélie et Ortolan, jusqu'en 1850. — 32 vol. in-8.

TITRE V.

Statistique judiciaire.

376. — Compte-Rendu de la Justice civile et commerciale en France. — 11 vol. in-4.
377. — Compte-Rendu de la Justice criminelle en France. — 25 vol. in-4.

TITRE VI.

Droit public et étranger.

378. — Traité du Droit public français, par M. de Savigny. — 1846. — 2 vol. in-8.
379. — Droit anglais, par M. Alexandre Laya. — 1845. — 1 vol. in-8.

TITRE VII.

Éloquence judiciaire.

380. — OEuvres de Démosthènes et d'Eschine, traduction d'Auger. — Paris, 1788. — 6 vol. in-8.

381. — M. Fabii Quintiliani Institutionum oratoriarium lib. XII. — Parisiis, Rob. Stephani. — 1542.

382. — Plaidoyers de Lemaître. — Paris, 1658. — 2 vol. in-4.

383. — OEuvres de Patru. — Paris, 1732. — 2 vol. in-4.

384. — Plaidoyers de Corberon et de Ste-Marthe.— Paris, 1693. —1 vol. in-4.

385. — OEuvres complètes du chancelier d'Aguesseau. — Ed. Pardessus, 1819. — 16 vol. in-8.

386. — Histoire de la Vie et des Ouvrages du chancelier d'Aguesseau, par M. A. Boullée. — 2 vol. in-8.

387. — OEuvres de Cochin. — 1821. — 6 vol. in-8.

388. — Lettres sur la profession d'Avocat, par Camus.— Paris, 1777. — 1 vol. in-12.

389. — Règles pour former un Avocat, par Boucher d'Argis. — Paris, 1778. — 1 vol. in-12.

390. — Annales du Barreau français : Barreau ancien, 7 vol. ; — Barreau moderne, 13 vol. — En tout, 20 vol. in-8.

391. — OEuvres judiciaires de M. Mourre. — Paris. — 1 vol. in-4.

392. — Réquisitoires, Plaidoyers et Discours de rentrée de M. Dupin. — Paris, 1842. — 9 vol. in-8.

392 *bis.* — OEuvres complètes de Bellart. — Paris, 1827-1828. — 6 vol. in-8.

TITRE VIII.

Histoire du Droit.

393. — Histoire de la Jurisprudence romaine, par Terrasson. — 1 vol. in-4. — Toulouse, 1824.

394. — Histoire du Droit romain, par M. Ch. Giraud — 1841. — 1 vol. in-8.

395. — Histoire de la Législation romaine, par M. Ortolan. — 4ᵉ éd., 1848. — 1 vol. in-8.

396 — Histoire du Droit romain au moyen-âge, par M. de Savigny, traduit de l'allemand par M. Ch. Guénoux. — 3 vol. in-8.

397. — De l'Influence du Christianisme sur le Droit civil des Romains, par M. Troplong. — 1 vol. in-8.

398. — Le Barreau romain : Recherches et Études sur le barreau de Rome, par M. Th. Grellet-Dumazeau. — Moulins, 1851. — 1 vol. in-8.

399. — Histoire du Droit civil de Rome et du Droit français, par M. Fr. Laferrière. — 3 vol. in-8.

400. — Essai sur l'histoire du Droit français au moyen-âge, par M. Ch. Giraud. — 2 vol. in-8.

401. — Essai sur l'Histoire générale du Droit, par M. Pouhaër. — Paris, 1849. — 1 vol. in-8.

402. — Philosophie du Droit, ou Introduction à la science du Droit, par M. Bélime. — Paris, 1844. — 2 vol. in-8.

TITRE IX.

Histoire.

403. — Histoire romaine, par Dion Cassius, traduite par M. E. Gros. — Paris, 1845, Didot. — 2 vol. in-8.

404. — Chartes mérovingiennes, par M. Letronne. — Gr. in-f°., 3 livrais.

405. — Collection de Documents inédits sur l'histoire de France. — Paris, 1839 à 1850. — 4 vol. in-4.

406. — Bibliothèque de l'École des Chartes. — 10 vol. in-8.

407. — Catalogue général des Cartulaires des Archives départementales. — 1 vol. in-4.

408. — Tableau général numérique par fonds des Archives départementales antérieures à 1790. — Paris. — 1 vol. in-4.

409. — Historiettes de Tallemant des Réaux. — Édition Montmerqué. — 1833. — 3 vol. in-8.

410. — Histoire des Français, par Th. Lavallée. — 5ᵉ éd., 1845. — 2 vol. grand in-8.

411. — Histoire de l'Université de Paris, par Dubarle — 1844. — 2 vol. in-8.

412. — Histoire de la Marche et du pays de Combrailles, par Joullieton. —
1815. — 2 vol. in-8.

413. — Notice historique sur La Tour d'Auvergne. — 1 vol. in-12.

414. — Procès-verbal de l'assemblée des Notables tenue à Versailles en 1787
et 1788. — 3 vol. in-4.

415. — Ouverture des Etats-Généraux : Procès-Verbaux des séances des
ordres du clergé et de la noblesse jusqu'à leur réunion en assemblée
nationale. — 1 vol. in-4.

416. — Mémoires, Discours et Observations des ministres, Comptes et Etats;
le tout relatif aux Etats-Généraux de 1789. — 1 vol. in-4.

417. — Résumé général et exact des Cahiers et Pouvoirs remis aux divers
députés aux Etats-Généraux. — 4 vol. in-8.

418. — Pièces relatives à leur convocation et ouverture desdits Etats, à la
vérification des pouvoirs et à la formation de la liste des membres. —
1 vol. in-8.

419. — Récit des principaux Faits concernant les trois ordres jusqu'à leur
réunion en assemblée nationale. — 1 vol. in-8.

420. — Procès-verbaux de l'Assemblée des communes et de l'Assemblée
nationale. — 75 vol. in-8.

421. — Supplément. — 1 vol. in-8.

422. — Table alphabétique. — 2 vol.

423. — Table chronologique. — 1 vol.

424. — Tableau comparatif des Demandes contenues dans les cahiers des
trois ordres. — 1 vol. in-8.

425. — Procédure criminelle instruite au Châtelet de Paris sur les faits
arrivés à Versailles dans la journée du 6 octobre 1789. — 1 vol. in-8.

426. — Exposé de la conduite de M. Mounier dans l'Assemblée nationale;
Pièces y relatives et Appel à l'opinion publique. — 1 vol. in-8.

427. — De l'Etat de la France, par M. de Calonne. — 1 vol. in-8.

428. — Réflexions sur la Révolution de France, par Edmond Burke. —
2e édition. — 1 vol. in-8.

429. — Pièces diverses sur la Révolution. — 3 vol. in-8.

430. — Pamphlets sur la Révolution. — 1 vol. in-8.

431. — Poèmes et Drames burlesques. — 1 vol. in-8 (manque).

432. — Actes des Apôtres. — 3e et 4e volumes.

433. — Recueil de Documents contre la Constitution civile du Clergé, et
Brefs du Pape. — 3 vol. in-8.

434. — Réponse de M. de Calonne à l'écrit de M. Necker. — Londres, 1758.
— 1 vol. in-8.

435. — Livre Rouge et Correspondance du Comité des Pensions. — 1 vol.
in-8.

436. — Rapport du Comité des Pensions à l'Assemblée nationale. — 2 vol.
in-8.

437. — Etat nominatif des Pensions, Traitements conservés, etc., etc. — 1 vol.

438. — Table des matières des noms de Lieux et des noms de Personnes contenus dans les procès-verbaux des séances de l'Assemblée constituante. — 5 vol. in-8.

439. — Fastes civils de la France depuis l'ouverture de l'Assemblée des notables. — 2 vol. in-8.

440. — Histoire de Napoléon, par M. de Norvins. — 1 vol. gr. in-8.

441. — Procés des derniers Ministres de Charles X. — 2 vol. in-8.

442. — Le Prince Royal, par M. Jules Janin. — 1 vol. in-12.

443. — Tableau de la Pologne ancienne et moderne, par Malte-Brun. — Nouvelle édition, par Léonard Chodzko. — 2 vol. in-8.

444. — Histoire d'Espagne, par M. Rosseuw-St-Hilaire. — 4 vol. in-8.

445. — Mémoires du Cardinal Pacca. — 1 vol. in-8.

TITRE X.

Archéologie. — Voyages scientifiques.

446 — Notes d'un Voyage dans l'ouest de la France, par M. Prosper Mérimée. 1 vol. in-8.

447. — Notes d'un Voyage dans l'Auvergne, par le même. — 1 vol. in-8.

448. — Esquisses archéologiques des principales églises du diocèse de Nevers, par M. l'abbé Bourassé. — 1 vol. in-8.

449. — Voyage en Perse, par MM. Flandin et Coste. — 1 vol de texte et les livraisons reçues du ministère.

TITRE XI.

Religion. — Sciences morales et politiques.

450. — Sancti patris nostri Basilii, Cæsareæ Cappadociæ archiepiscopi, Opera omnia quæ exstant. — 1839. — 6 vol. grand in-8.

451. — Pensées, Fragments et Lettres de M. Bl. Pascal, publiés par Prosper Faugéres. — 1844. — 2 vol. in-8.

452. — Lettres, Opuscules et Mémoires de Mme Perrier, de Jacqueline, sœurs de Pascal, et de Marguerite Perrier, sa niéce, publiés par M. Prosper Faugéres. — 1 vol. in-8.

453. — Politique d'Aristote, traduite en français par M. Barthélemy St-Hilaire. — 2 vol. in-8.

454. — Leçons de Philosophie sur les principes de l'Intelligence, par Laromiguiére. — 6ᵉ éd., 1844. — 2 vol. in-8.

455. — Séances des travaux de l'Académie des sciences morales et politiques : Compte-Rendu par MM. Loiseau et Vergé, sous la direction de M. Mignet. — 18 tomes en 15 vol in-8. — Paris.

456. — Travaux de la Commission des Enfants trouvés. — Paris, 1850.— 1 vol. in-4.

457. — L'Abolitionniste français. — 3 vol. in-8.

TITRE XII.

Sciences naturelles et mathématiques.

458. — Illustrationes Plantarum orientalium, ou Choix de]Plantes nouvelles ou peu connues de l'Asie occidentale. — 31 livraisons.

459. — Rapport historique sur les progrés des Sciences naturelles depuis 1789, par Cuvier. — 1 vol. in-8.

460. — Rapport historique sur les progrés des Sciences mathématiques depuis 1789, par Delambre. — 1 vol. in-8.

TITRE XIII.

Littérature.

461 — Rapport historique sur les progrès de l'Histoire et de la Littérature depuis 1789, par Dacier. — 1 vol. in-8.

462. — Le Paradis perdu de Milton, traduit par Châteaubriand. — 2 vol. in-8.

463. — Essai sur la Littérature anglaise, par Châteaubriand. — 2 vol. in-8.

464. — Abailard, par Charles de Rémusat. — 2 vol. in-8.

465. — Le Vicaire de Wakefield, par Goldsmith, traduction nouvelle par Charles Nodier. — 1 vol. gr. in-8.

466. — OEuvres choisies de Charles Nodier. — 1 vol. in-8.

467. — La Grèce tragique, par Léon Halévy. — 1 vol. in-8.

468. — Des Variations du Langage français depuis le xiie siècle, par M. Génin. — 1 vol. in-8.

469. — Dictionnaire de l'Académie et supplément. — 6e éd. 1835. — 3 vol. in-4.

TITRE XIV.

Administration.

470. — Procès-Verbaux des séances du Conseil général de la Haute-Vienne. — Années 1848 à 1851. — 4 vol. in-8.

TITRE XV.

Journaux et Ouvrages généraux.

471. — Encyclopédie méthodique. — 35 vol. gr. in-f°.
472. — Le Moniteur universel. — Collection complète avec toutes les tables, 131 vol. gr. in-f°.
473. — La Gazette des Tribunaux. — Collection complète, 35 vol. gr. in-f°.

TABLE ALPHABÉTIQUE
DES AUTEURS.

*Les chiffres à la suite des noms sont ceux des numéros
du Catalogue.*

C.

D.

E.

F.

G.

H.

I.

J.

Jabely. — 64.
Jacquet. — 169.
Janin. — 442.
Jouet. — 171.

Joullieton. — 412.
Jousse — 136, 137, 141, 142, 151, 154, 162.
Jousselin. — 249.

L.

L***. — 430.
Laferrière. — 399.
Lalaure. — 122.
Lamothe (les frères). — 77.
Laromiguière — 454.
Lathaumassière. — 54.
Lapeyrère. — 188.
Laroche-Flavin (de). — 193.
Laurière (de). — 78.
Lavallée. — 410.
Laya — 377.
Lebrun. — 111, 112.
Ledru-Rollin. — 365, 366, 367.

Legrand. — 50.
Legraverend. — 318.
Lemaitre. — 382.
Leprestre. — 177
Lesellyer — 320.
Letronne. — 404.
Lhommeau et Vernixac. — 189.
Locré. — 219.
Loiseau et Vergé. — 455.
Loret et Brodeau. — 176.
Loyseau. — 106.
Loysel. — 78.

M.

Marly (de). — 82.
Malte-Brun et Chodzko. — 443
Mangin. — 326.
Mantica. — 95.
Marcadé — 236.
Martignac (de). — 207.
Massabiau. — 340.
Massé. — 355.
Massol. — 245.
Matter. — 227.
Meynard (Géraud de). — 194.

Mérimée (Prosper) — 446, 447.
Merlin. — 371, 372.
Milton. — 462.
Molènes (de). — 339
Montesquieu (de). — 222.
Montholon (de) — 183.
Moreau de Montalin. — 15.
Morin (Achille) — 323, 324, 325, 357.
Mornac. — 10.
Mourre. — 391.
Mousnier. — 426.

N.

Nadault de Buffon. — 256.
Néron et Girard. — 33.
Nodier (Charles). — 465, 466.

Norvins (de). — 440.
Nouguier. — 310, 312.

O.

Olive (d'). — 107.
Orfila. — 327.

Ortolan. — 375, 395.
Oudot. — 350.

P.

Q.

R.

S.

T.

V.

Z.